# SCHLUSSSTRICH ZIEHEN

## Ein Ausfüllbuch

Bibliografische Information der Deutschen Nationalbibliothek: Die Deutsche Nationalbibliothek verzeichnet diese Publikation in der Deutschen Nationalbibliografie; detaillierte bibliografische Daten sind im Internet über dnb.dnb.de abrufbar.

Originalausgabe
1. Auflage 2020
Herstellung und Verlag: BoD – Books on Demand, Norderstedt.
www.bod.de.
Lektorat, Korrektorat: Sophie Helm, Berlin.
Covergestaltung: Caroline Stern, Berlin.
ISBN: 978-3-746-06298-3